参观须知

关于开放时间

周一休馆，周二至周日 9：00 至 17：00 开放。

关于展厅温度

为保存维护文物，本院展厅温度维持在摄氏 20 度至 24 度间，可以视情况自备保暖衣物。

关于文明观展

严禁使用闪光灯或拍摄设备，严禁携带易燃液体、腐蚀性液体、烟火产品、压缩气体、尖锐器械等物品进入展场。为不影响他人观展体验，展场内需降低谈话音量，通讯设备或电子装置也要记得调整为静音哦。

台北故宫博物院

同根同源的宝库

博物馆奇妙之旅小分队(3)

故宫真是太大了，几天几夜都看不完，真舍不得离开……

哈哈，不要紧，下一站带你们去海峡对岸逛逛，那里还有一座故宫博物院——台北故宫博物院。

哇！那太棒了！我们快去吧！

博物馆档案

馆　名： 台北故宫博物院

地　点： 台北市士林区至善路二段 221 号

馆区占地： 160000 平方米

馆藏精品： 翠玉白菜、毛公鼎等

荣誉榜： 中国三大博物馆之一、台湾规模最大的博物馆、世界知名艺术博物院之一、入选全球最受欢迎博物馆

简　介： 台北故宫博物院，又称中山博物院，是中国的一座大型综合性博物馆，于 1965 年夏落成，由中央园林与步道、博物馆正馆建筑、文物储藏山洞与廊桥组成。碧色琉璃瓦的屋顶、米黄色的外墙、洁白的白石栏杆……建筑设计仿造中国传统宫殿，风格清丽典雅，富有民族特色。博物院内所藏文化瑰宝约 70 万件，琳琅满目，是研究古代中国艺术史和汉学的重镇。

台北故宫博物院

博物馆里的中国

程琳◎著　布谷童书◎绘

山西出版传媒集团　三晋出版社

台北故宫博物院 同根同源的宝库 02

铭文字数谁最多 毛公鼎 04

这个盘子不盛菜 散氏盘 08

滴，书圣给你发来一条“短信” 《快雪时晴帖》 12

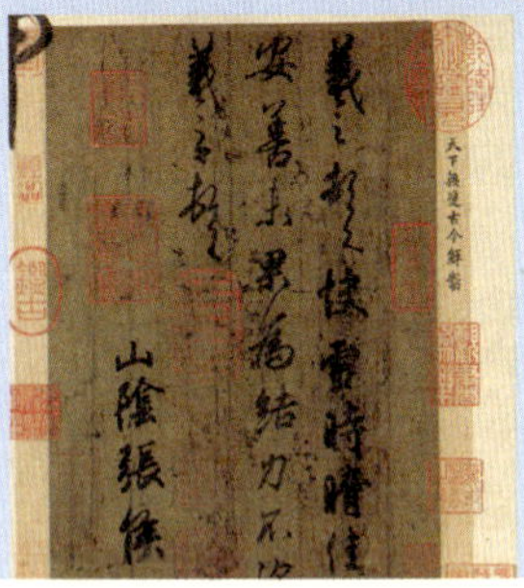

铁骨丹心付笔尖 《祭侄文稿》 16

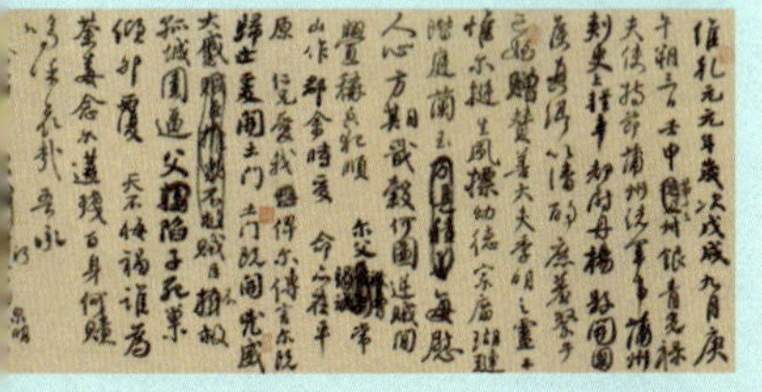

走，去蜀道 《明皇幸蜀图》 20

古人的“夸夸”合集 《自叙帖》 24

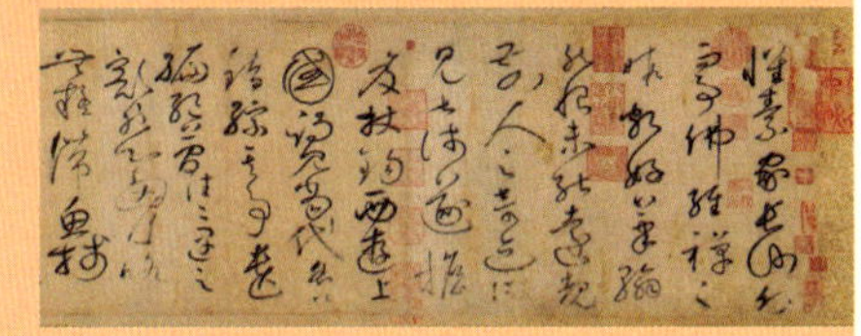

高枕无忧 定窑白瓷婴儿枕 28

化“失意”为“诗意” 《寒食帖》 32

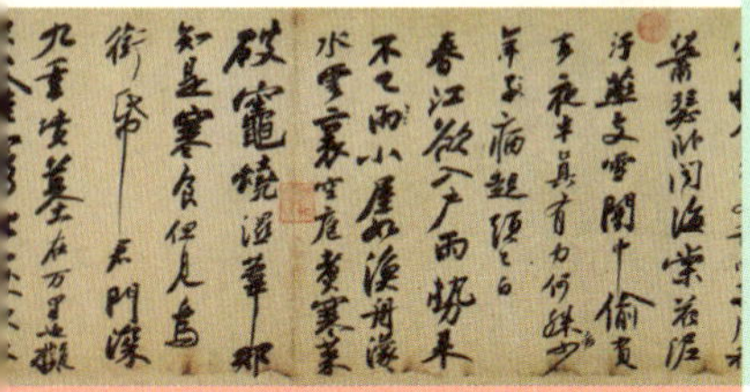

宋画第一 《溪山行旅图》 36

误作“猫食盆” 北宋汝窑青瓷无纹水仙盆 40

画中寻春 《早春图》 44

墨色山水 《富春山居图》 48

珍贵的“白菜” 翠玉白菜 52

来自西藏的故宫珍玩 镀金镶珊瑚松石坛城 56

“美味”的石头 东坡肉形石 60

小贴士

琉璃瓦光泽鲜明，颜色很多，最常见的是金黄与碧绿。其用于建筑的历史，可以追溯到北魏时期，宋代时就已有建筑用琉璃瓦铺满整个屋顶了。之后，琉璃瓦更是成为历代皇家建筑的“标配”。

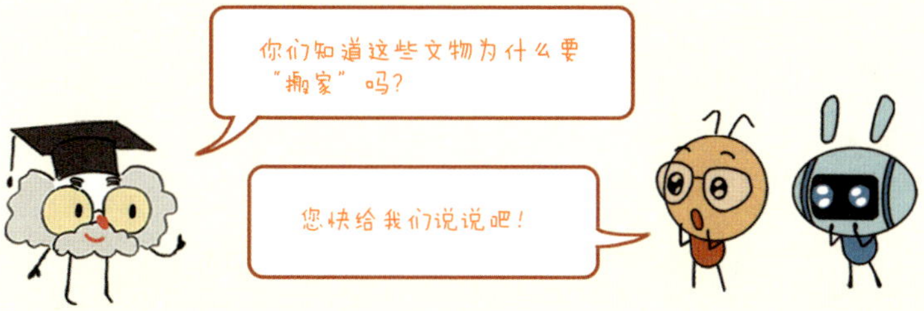

你们知道这些文物为什么要“搬家”吗?
您快给我们说说吧!

文物“大搬家”

台北故宫博物院和北京故宫博物院一样，都是以清宫旧藏为基础馆藏。因此，这些清宫旧藏离开紫禁城，到台北故宫，其实是经历了一次“大搬家”。

那次文物“大搬家”，在历史上被称为“文物南迁”，是民国时期故宫博物院组织的一次文物保护行动。

抗日战争爆发后，为了保护故宫的文物不受损毁，很多文物被打包南迁。在文物守护者们的努力下，这些文物辗转各地，穿过战火纷飞的漫漫长路，却几乎没有损坏，且一件未丢，堪称世界文化史上的奇迹！

也正是在这段历程中，一部分南迁的文物被转运至台湾，保存于台北故宫博物院。

文物“大盘点”

来自紫禁城、沈阳故宫、避暑山庄、颐和园和国子监等多处皇家旧藏之精华，组成了台北故宫博物院内的珍品收藏，分类盘点如下：

甲骨档案 2 万多片，数量位列世界甲骨收藏机构第二位；

瓷器 2 万多件，宋代五大名窑瓷器及明代官窑瓷器收藏较多，还有众多清代康雍乾三朝珐琅彩瓷器；

善本古籍有近 21 万册，所藏大多版本早、卷帙完整、品相完好，包括中国仅存四部的《四库全书》较完整的一部……

而这些近 70 万件的珍宝，都在无声地向我们诉说着同根同源的中华历史与文化。

铭文字数谁最多

毛公鼎

国宝档案

毛公鼎

材质：青铜器

所属年代：西周

现藏于：台北故宫博物院

出土地：陕西岐山

国宝小档案

你发现了吗？这件毛公鼎与我们之前接触到的许多商朝青铜器不太一样，器身上没有那么多狞厉神秘的繁复纹饰，主打“简洁风”，大口圆腹，双立耳，三蹄足。最显眼的纹饰就是口沿处的环带状重环纹了，古雅朴素，更具生活气息。

鼎中藏“作文”

毛公鼎因作器者毛公而得名，那么毛公是谁呢？从鼎内密密麻麻的铭文就能知道了。

哇！这是在鼎里刻了一篇作文啊！
这篇“作文”还不短，有500字左右哦。

毛公鼎腹内的铭文，是现存青铜器铭文中最长的一篇，堪称西周青铜器中的“铭文之最”。

铭文的内容是一份完整的“册命”，记述了周宣王即位后，为重新振兴周王室，于是请叔父毛公为其治理国家内外的大小政务，并赐予毛公命服与器物。毛公感念天子的恩德，因此铸鼎纪事，传示子孙。

小贴士

目前，毛公鼎的“出道”组合主要有两种：一是与大盂鼎、虢季子白盘、散氏盘合称为“晚清四大国宝”；二是与大盂鼎、大克鼎合称为“青铜器海内三宝”。

鼎中藏“书法”

毛公鼎中的铭文，不仅有史料价值，被誉为“抵得一篇《尚书》”，还是书法典范。整篇铭文气势宏大，笔法圆润端严，线条饱满圆厚，极具古典美。自清末出土以来，就备受当时及后代书法家们的青睐。

任性爱好

周宣王继位后，曾因任用贤能辅佐朝政，使西周国力有所恢复，史称“宣王中兴”。但他晚年独断专行，不听忠言，滥杀大臣，还因好大喜功而吃了大败仗。西周传到他儿子那一代就亡国了，周宣王也有一份“功劳”。

四书五经

《尚书》，是中国最早的一部历史文献汇编，乃儒家“五经”之一。你知道“四书五经”是哪些经典著作的合称呢？

答案：“四书”即《大学》《中庸》《论语》《孟子》。“五经”即《诗经》《尚书》《礼记》《周易》《春秋》。

周宣王或许对你们来说很陌生，但他的儿子周幽王你们一定都听说过。
呀，我知道，烽火戏诸侯的就是他！

1. 烽火戏诸侯的故事，要从周幽王的王后褒姒（sì）说起。她十分美貌，却从来不笑。

2. 为看到王后的笑颜，周幽王下令千金悬赏，找寻办法。果然有大臣献计，不妨点燃烽火，让王后看诸侯们被戏弄的滑稽模样，肯定会被逗笑！

3. 周幽王觉得这主意不错，依言照办，带着褒姒在山顶上边饮酒取乐，边等着看戏。

4. 急匆匆赶来的诸侯们得知根本没有战事，纷纷生气地离开，褒姒果然笑了。周幽王大喜过望，立刻把千金赏给了献计的大臣。

古代的“复印”术

金石传拓（tà），是我国古代发明的一种独特“复印”技艺。一张纸，一砚墨，一拓包……古人将纸张铺放在金石器物的表面，再以墨拓之法，就能将器物的形态、纹饰与铭文等黑白分明地留于纸上了。

古人最初使用传拓技艺，多是为了“复印”碑碣刻石铭文。《温泉铭》的拓本残卷是至今所知最早有明确纪年的“复印件”。

《温泉铭》是唐太宗李世民撰写的行书碑文，原石早已不知所踪，多亏有拓本为我们保存下了这份书法艺术研究的重要资料。

那么，这些碑文拓本是如何得到的呢？可以分为以下七步。

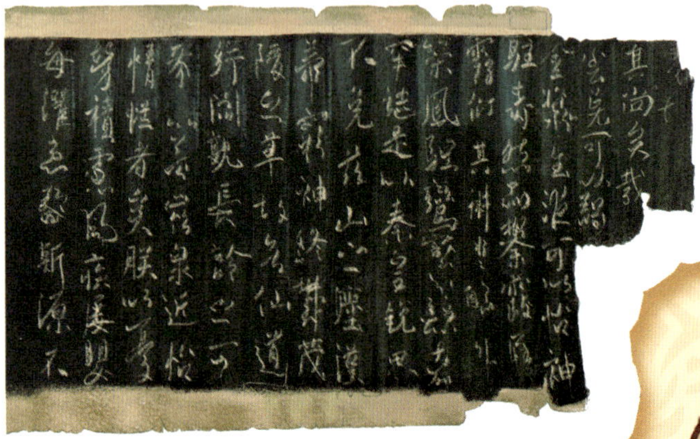

一、洗碑

二、刷水

三、上纸

四、平纸

五、敲打

六、捶拓

七、揭纸

后来，伴随着金石学兴起，古人“复印”的对象越来越多。除了石刻铭文外，又加入了青铜器等器物。

不仅如此，古人的“复印”技艺也日益精深。传拓高手们不再满足于难以还原立体器型的平面拓，研究出了具有立体视觉感的全形拓。

哇！毛公鼎还可以被这样“复印”出来呀！
和拍照似的，太厉害了！

有了金石传拓，那些在悠久岁月中不幸损毁遗失或文字模糊的文物，都能以拓本的形式完好地保存下来。守护历史，代代传承，真是一项了不起的技艺啊！

这个盘子不盛菜

散氏盘

国宝档案

散氏盘

材质：青铜器

所属年代：西周

现藏于：台北故宫博物院

出土地：陕西凤翔

国宝小档案

散氏盘，又称夨（cè）人盘，因为盘底铭文中有“散氏”字样而得名。盘圆腹浅，有双耳，高圈足。器身上装饰着西周青铜上常见的夔纹与兽面纹。腹中刻有铭文 357 字，用笔粗犷豪放，字间与行间的变化飘逸，错落有致。

古代盘子大不同

一提盘子，我们就会想到饭桌上盛放食物的菜盘。但古代的青铜盘和现代的作用可大不相同。

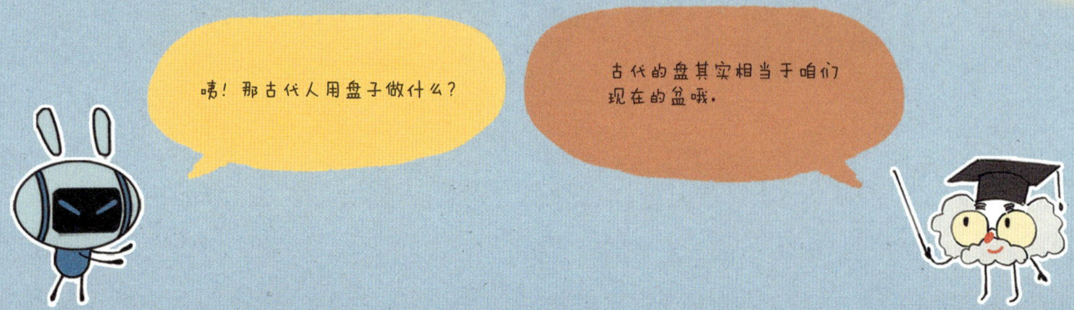

咦！那古代人用盘子做什么？
古代的盘其实相当于咱们现在的盆哦。

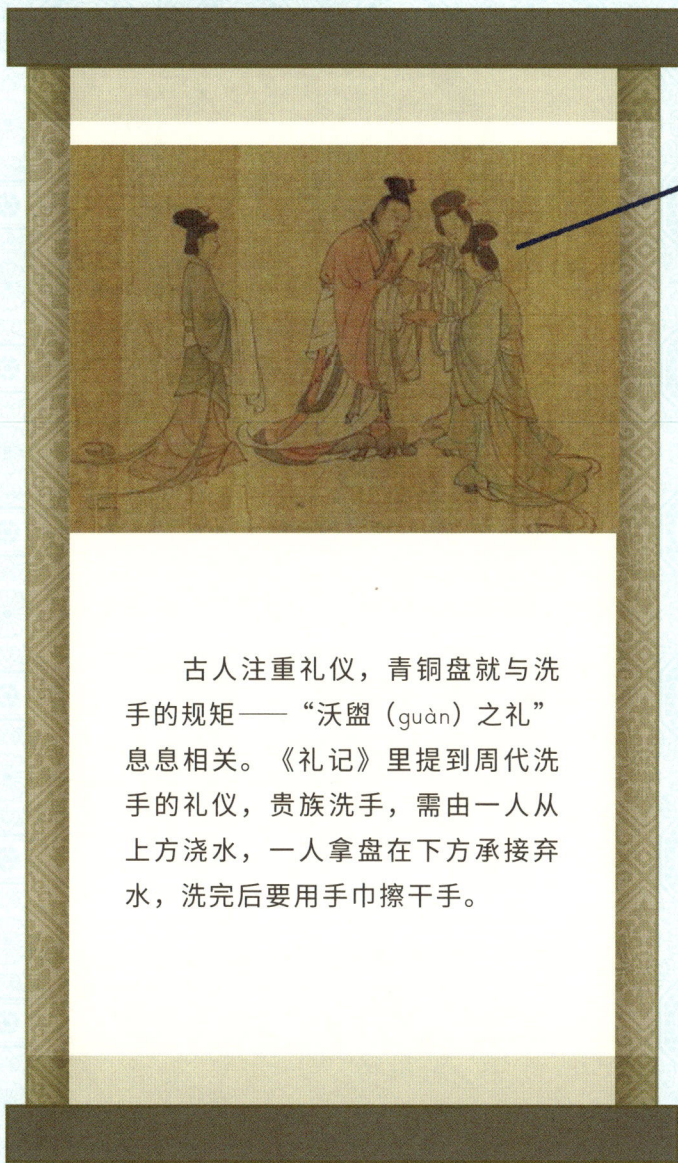

盘是古代的一种盛水器，也是祭祀、宴饮前专门用来洗手的礼器。

当然了，青铜盘的盘底又大又平，还十分方便铸刻铭文。尤其是那些记载盟约、誓词、功绩的长铭文，动辄几百字，铸在盘腹中就很合适。

散氏盘上的铭文就是篇土地割让契约，记述了夨国将土地交割给散国之事，并详细记录了田地四周的界限，对西周土地及其管理制度的研究十分重要。

古人洗手有规矩

图中所绘正是晋文公洗手时的场景。
这个长得像葫芦瓢一样用来浇水的器具，叫作“匜（yí）”。

古人注重礼仪，青铜盘就与洗手的规矩——“沃盥（guàn）之礼”息息相关。《礼记》里提到周代洗手的礼仪，贵族洗手，需由一人从上方浇水，一人拿盘在下方承接弃水，洗完后要用手巾擦干手。

匜（yí）在西周晚期多和盘配套使用，且都发展为贵族女性出嫁时的陪嫁品，以示身份地位。

这件叔上匜，就是郑国大内史叔上之女的陪嫁器，器上刻有铭文，祈愿女儿长寿，子孙后代能珍重地使用这件器具。

一起盘点青铜盘

盘子是日常生活中随处可见之物，在古代也是十分重要的礼器。
让我们一起来盘点一下，先秦时期那些精美又极富价值的青铜盘吧。

史墙盘

史墙盘是中国首批禁止出国（境）展览文物之一，是一位叫作“墙”的周朝史官所制，故此得名。制作者在盘子底部铸下了一篇近 300 字的铭文，前半段颂扬周文王、周武王等七代周王的功绩，后半段则是包括“墙”自己在内的家族六代的事迹，倒真符合史官的风格。

“虢季子白”青铜盘

这件虢季子白青铜盘，长得不太像只盘子，反而更像浴缸。盘内底部刻有一篇百字铭文，也是发生在周宣王时期的历史。当时虢国的贵族子白打了一场大胜仗，宣王对其进行了隆重的表彰和丰富的赏赐，于是虢季子白专门铸造此盘作为纪念。

晋公盘

这件春秋时期的晋公盘，是晋文公为女儿孟姬出嫁楚国所做的陪嫁器。

比起青铜盘的“常规配置”铭文外，盘内的“动物园”更引人注目。尤其是19个装饰的圆雕动物，包括龟、蛙、鱼、水鸟、龙等七种，不仅惟妙惟肖，还可以转动。

原来，这些圆雕内部暗藏机关——

在圆雕腹腔内设置一根与盘底相连的短立柱，与脊内相应的卯完美契合，“动物”们就可以灵活地原地转圈圈啦！

逨盘

这件逨（lái）盘口径足有半米多，包揽的周朝帝王世系更全，以约370字的铭文，记叙了单氏家族八代人辅佐西周12位君王理政的历史。它第一次印证了《史记·周本纪》所记西周诸王名号，堪称“青铜史书”。

滴，书圣给你发来一条“短信”

《快雪时晴帖》

国宝档案

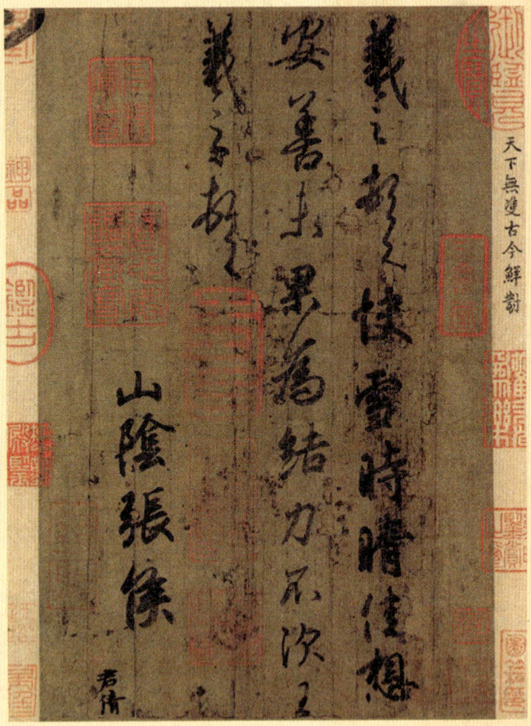

《快雪时晴帖》

材质：纸本

所属年代：东晋

创作者：王羲之

现藏于：台北故宫博物院

国宝小档案

《快雪时晴帖》是大书法家王羲之写给“山阴张侯”的一条28字“短信”。内容简单，就是大雪过后，天气转晴，心情不错，问候朋友是否安好。从书法的角度来欣赏，其行书圆笔藏锋，悠闲逸豫，布局匀整安稳，具有气定神闲的平衡之美。

王羲之，字逸少，东晋著名书法家，世称王右军。

称号：书圣

代表作：《兰亭集序》《黄庭经》《快雪时晴帖》等

相关故事：入木三分、东床快婿、书成换鹅

“短信”高产党

如《快雪时晴帖》这般寥寥几十字内的“短信”，王羲之还写了很多，均被后世奉为书法名帖，算是个“高产”的书法家。

然而，这些“短信”的内容，却并不像他的书法那般高端上档次，反倒多是些“唠嗑文学”——有向好友推荐草药的，有问候好友及其家人的，有感谢好友捎送来特产礼物的，有絮叨家长里短的，有吐槽自己近日官场上诸事不顺的，甚至连夜里肚子痛都要与好友说上一说……

原来大书圣也这么“接地气”啊!
哈哈，我这就去写条“短信”，告诉小伙伴们这次台北故宫之旅的见闻!

白鹅爱好者

王羲之不仅爱写“短信”，还对大白鹅情有独钟，留下了两个经典的故事。

故事一

据说当时有个山阴道士，为了得到王羲之的书法作品，投其所好，养了一群大白鹅作为交换。只要王羲之写一篇《黄庭经》，就把鹅送给他。王羲之欣然答应，高高兴兴抱得白鹅归。因为这个典故，有后人将《黄庭经》形象地称为《换鹅帖》。

一笼子鹅就换到了王羲之的作品，太值了!
嘻嘻，我有新鹅喽!
黄庭经

故事二

王羲之听说会（kuài）稽有个老太太养了一只善鸣的鹅，就派人去买。没买成，便和朋友同去老太太家里观赏。谁知老太太会错了意，以为王羲之是喜欢吃鹅肉，就杀了鹅款待他，惹得他为此难过得好几天都在叹气。

小贴士

相传曾任右将军的王羲之爱鹅，世称“王右军”，后人甚至把“右军”作为了鹅的别名。

乾隆最爱的小书房

王羲之的《快雪时晴帖》是乾隆皇帝的心头好，被他珍藏在书房“三希堂”内。它与王献之的《中秋帖》和王珣的《伯远帖》并称“三希帖”，并列为其首。

《中秋帖》

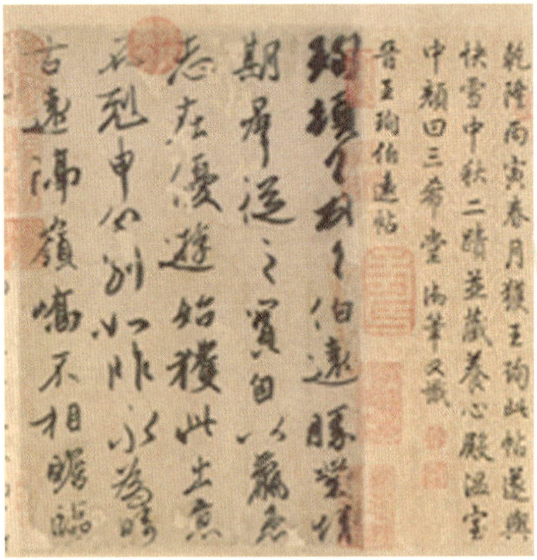

《伯远帖》

乾隆皇帝的书房一定很大吧！
恰恰相反，“三希堂”只有普通教室的五分之一左右。
这么小！

仅有 8 平方米的“三希堂”，可谓麻雀虽小，五脏俱全。陈设古朴雅致，楠木雕花隔扇将空间一分为二，其中一间还能利用窗台摆设乾隆皇帝的御用文房。

至乾隆十五年（1750）时，乾隆皇帝已经在自己最爱的小书房里珍藏了晋以后历代名家 134 人的作品，包括墨迹 340 件以及拓本 495 种。

“精装”名帖

乾隆皇帝对“三希堂”内的藏品都很上心。其表现可不仅止于疯狂“盖戳”，写题跋，也在装裱时颇费心思，甚至亲自参与设计。

《快雪时晴帖》作为乾隆皇帝的最爱，用于保护它的“书皮”，是一件工艺精细、纹绣华丽的织锦，配色和谐低调，又不失奢华繁复之美。

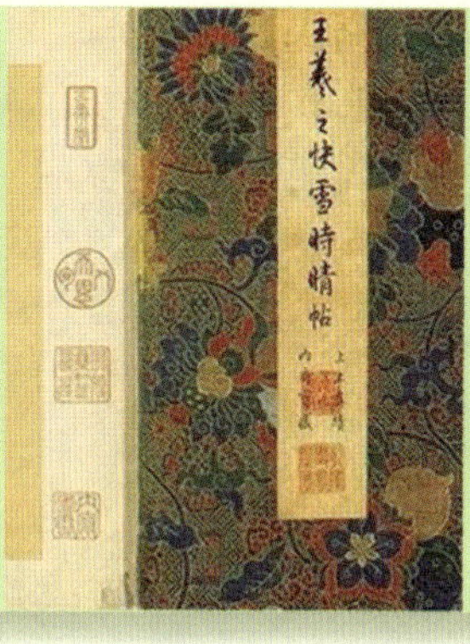

你知道吗？这件织锦中藏着中国古代传统的吉祥图案——“三果纹”。“三果纹”通常指的是石榴、佛手、桃子组成的图案。

佛手的“佛”谐音“福”，寓意多福；桃子蕴含长寿之意，寓意多寿；石榴多籽，寓意多子。“三果”合起来，也称之为“三多”，因此“三果纹”又叫“三多纹”。

“三果纹”在明清时期还是比较流行的，多见于瓷器。也有“三果纹”用柿子等替代佛手的。

铁骨丹心付笔尖

《祭侄文稿》

国宝档案

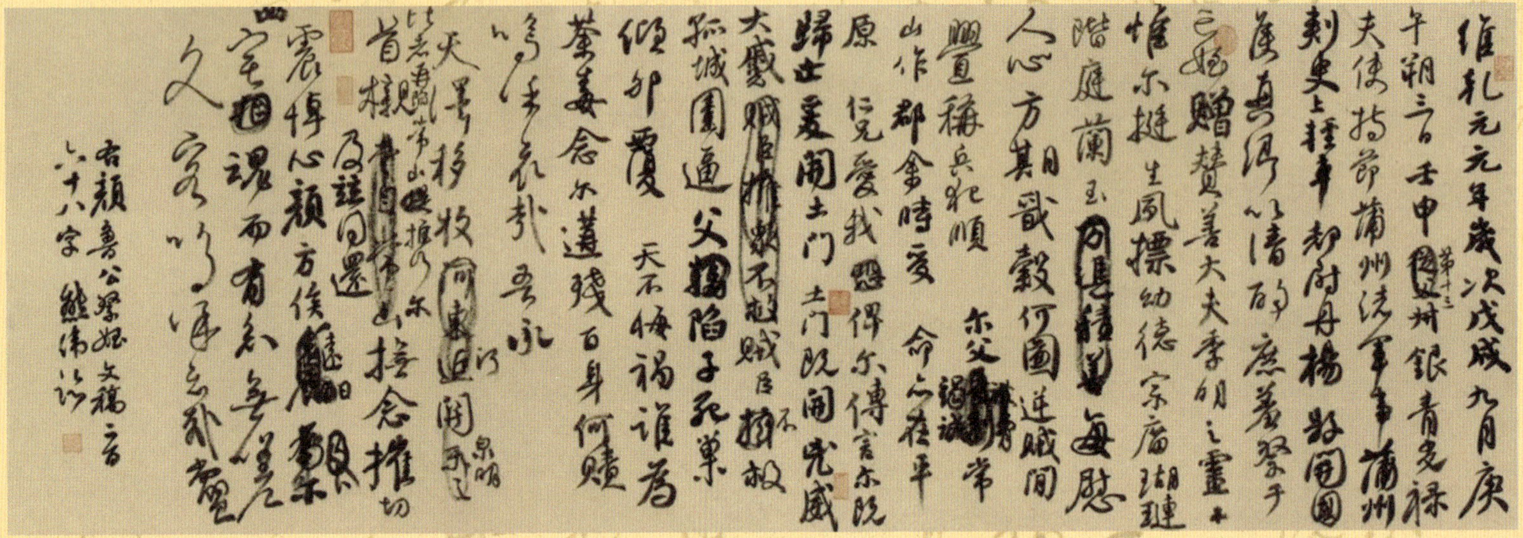

《祭侄文稿》

材质：纸本

所属年代：唐期

创作者：颜真卿

现藏于：台北故宫博物院

国宝小档案

《祭侄文稿》是颜真卿为祭侄子创作的行书纸本书法作品，纵 28.3 厘米，横 75.5 厘米。一共 23 行，234 字。通篇字距行距时疏时密，随心所欲。用笔豪放淋漓，一气呵成，极具史料价值与艺术价值，被称为“天下第二行书”。

小贴士

《祭侄文稿》与东晋王羲之的《兰亭集序》、北宋苏轼的《黄州寒食帖》并称为“天下三大行书”。

涂改之间见真情

咦，不是书法名作吗？怎么比我的作业涂改还多呀！
《祭侄文稿》其实是一篇草稿，未经誊改，反而更见书法家的精神与功力。

颜真卿在《祭侄文稿》中所追祭的侄子名为颜季明。

当时，安禄山谋反，“安史之乱”爆发，颜季明随其父常山太守颜杲（gǎo）卿坚守抵抗，最终因孤立无援、弹尽粮绝而失陷。父子两人宁死不降，先后遇害，颜氏一门30余口也惨遭屠戮。

颜真卿派人寻访，只找回了侄子的头骨，遂在满腔悲愤中，提笔写下这篇祭文草稿。文稿中这许多涂抹之处，又何尝不是颜真卿付诸笔间的真情流露呢？也正因如此，《祭侄文稿》才拥有了寻常书法作品所难以饱含的震撼人心的感染力，可遇而不可求。

可执笔可从戎

或许，你听过与颜真卿有关的许多头衔与概念，诸如“唐代名臣”“楷书四大家之一”“独创颜体”“颜筋柳骨”……但你知道吗？他也曾参与平定“安史之乱”，于风雨飘摇中支撑着大唐江山。

唐玄宗时，颜真卿因不肯同流合污而得罪杨国忠，被排挤到平原担任太守。他早看出安禄山的反心，便暗中加固城防，囤积粮草备战。没过多久，安禄山果然叛乱，在河北郡县大多败降的危急关头，是颜真卿站出来，向叛军宣战，重振军心，一度光复河北。

到了唐德宗一朝时，颜真卿遭奸相暗害，被派去向叛乱的淮西节度使李希烈传达圣旨。李希烈逼颜真卿叛唐，颜真卿坚决不从，最终以身殉国。

颜真卿太了不起了！
颜真卿是平定叛乱的功臣，之后应该能回到朝中当大官吧？
哎，他确实曾官至吏部尚书、太子太师，但好景不长……

书法家是怎样炼成的

黄泥习字

书法需得勤练。颜真卿三岁丧父，虽然有舅舅启蒙书法，但因家里穷，买不起纸笔。于是，颜真卿就把墙当作纸，以黄土加水为墨练习书法。一墙写满了，就用清水冲洗掉字迹再写。这才练就了扎实的笔下功夫。

其实“黄泥习字”还有另一种说法，即以黄土涂墙，待其稍干之后，再用短木棍在墙面上写字，写满后就冲洗掉黄土重涂。
不管是哪种方法，颜真卿都是从小就开始刻苦练字的。
是啊，当个书法家真不容易。

两次拜师

颜真卿在书法上的造诣，也离不开两次拜师张旭，得其笔法上的教导。

博采众长

褚(chǔ)遂良、王羲之、王献之……我的书法“老师”是真不少啊。

小贴士

张旭，唐代书法家，擅长草书，喜欢饮酒，世称“张颠”。其草书则与李白的诗歌、裴旻（mín）的剑舞并称“三绝”。

当然了，颜真卿还广泛汲取了其他书法名家之所长，融会贯通。最终形成其雄伟刚劲、大气磅礴的独特风格，被称为“颜体”。

颜氏三稿

《祭侄文稿》是颜真卿最具代表性的三部行书作品之一，即“颜氏三稿”之一。另外的两部作品分别是《争座位帖》与《祭伯父文稿》，均是后世学习颜体行书的最佳选择。

《争座位帖》

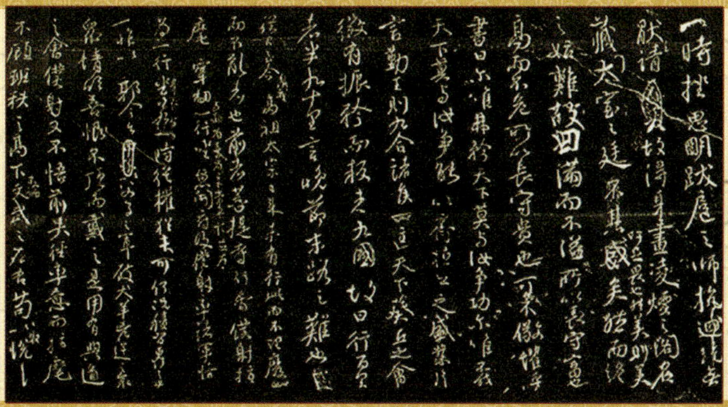

（拓本）（局部）

《争座位帖》是一封颜真卿写给尚书右仆射郭英乂（yì）的书信草稿。

颜真卿之所以写这封信斥责郭英乂，是因为在名将郭子仪得胜还朝的欢迎仪式上，负责安排百官位次的郭英乂为了讨好大宦官鱼朝恩，居然不顾规制，把鱼朝恩的座位排在了品阶比他高的几位尚书之前。

所以，颜真卿此帖，争的其实并不是『座位』，而是礼仪与忠义。

《祭伯父文稿》

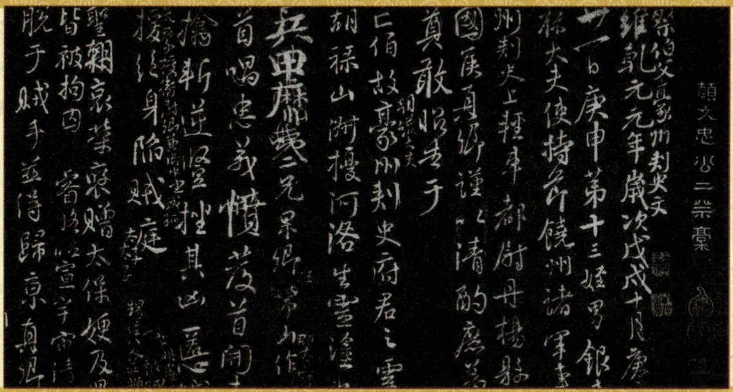

（拓本）（局部）

《祭伯父文稿》，又称《告伯父文稿》，全称《祭伯父濠州刺史文》。

这篇文稿的写作时间稍晚于《祭侄文稿》，那时的颜真卿被御史唐旻弹劾诬陷，贬为饶州刺史。途经其伯父颜元孙之墓，心生感怀，就将『安史之乱』后，颜氏一门的生死哀荣，尽数告于伯父的在天之灵。全篇行气贯通，一任纵笔，风神奕奕。

走，去蜀道
《明皇幸蜀图》

国宝档案

《明皇幸蜀图》

材质：绢本

所属年代：唐期

创作者：李昭道

现藏于：台北故宫博物院

国宝小档案

《明皇幸蜀图》纵高 55.9 厘米，横长 81 厘米，画面中一队人马正在青绿的山水间前行。蜀地的群峰高耸入云，山势陡峭；悬挂在绝壁上的栈道，叫人看着心惊胆战。正应了李白那句“蜀道难，难于上青天”之诗景。

小贴士

画名中，“明皇”指的是唐玄宗李隆基。因其谥号为至道大圣大明孝皇帝，加上清朝时要避讳康熙皇帝玄烨的名字，不便用“玄”字，就多了个“唐明皇”之称。

游玩图？逃难图？

“蜀”是古时的地名，指四川；“幸”，则是皇帝驾临某地的意思。这么看来，《明皇幸蜀图》似乎就是描绘了唐玄宗出宫去四川游玩的旅途一幕。

然而，这一行人真的在游山玩水吗？

“安史之乱”爆发后，唐玄宗眼看叛军即将攻入长安，便放弃守城，带着一行人逃往四川避难。《明皇幸蜀图》用画面记录下的，正是这一历史事件。

有趣的画中人

看古画，应该从右往左，《明皇幸蜀图》中浩浩荡荡的人马就如同一组连环画似的，可以被分为三个部分。画面右侧最先出现的，是这支队伍的核心成员，即唐玄宗与他的妃嫔、臣子与护卫们。

还没有……
你找到唐玄宗了吗？
别急，你们往这儿看。

看到这位骑着棕红色高头大马，身着朱红色长袍的男子了吗？他就是故事的主角——唐玄宗。他所骑的大马样子十分威武雄健，就是这“发型”瞧着让人发笑。

但你知道吗？在当时把马鬃剪瓣是一种风尚。鬃毛能被分为三瓣的，都是马匹中的“佼佼者”了！它们被称为“三花马”，只有身份尊贵的人才能骑乘。

唐太宗就曾让人为自己最喜欢的六匹战马刻石像，安置在自己的陵墓昭陵里，号称“昭陵六骏”。

赶路好累

你瞧，不仅挑夫走不动了，放下背囊休息；连马儿都累坏了，直接翻躺在地。蜀道真是太难走了！

探路先锋

画面左侧这几位骑士，一马当先，不惧艰险，是先行的探路者。

看，他们中最快的已经骑着马儿爬上陡峭的山峰啦！

金碧山水

《明皇幸蜀图》是唐皇室成员李昭道所绘，他的父亲李思训也是画山水的名家，二人被后人合称“大小李将军”。

不过，除了石青、石绿外，《明皇幸蜀图》还比“青绿山水”多用了一种颜料——泥金。这种金色颜料，使得画面颜色更加华丽，给人以金碧辉煌之感，使之成为中国山水画的另一种类，即“金碧山水”。李思训父子也是金碧山水派的代表人物。

画家笔下的剑阁

“剑阁”是蜀道中的一处天险，位于今四川省剑阁县东北的大剑山和小剑山之间，是古人进入蜀地必经的栈道，乃三国时期诸葛亮担任丞相时修建。

李白曾在《蜀道难》中这样形容：“剑阁峥嵘而崔嵬，一夫当关，万夫莫开。”

这句话的意思是剑阁巍峨险峻，只要有一人把守，千军万马都难以攻占。

地势险要，易守难攻，这是诗人李白眼中的剑阁。那么在画家笔下，它又是什么模样呢？

仇英笔下的剑阁

仇英《剑阁图》

这幅作品描绘了冬季的剑阁。仇英巧妙地以山峦中段位置的栈道为界，将画面分为了上下两个部分。观画者的视线越是跟着行人一路向上，越感惊心动魄。那山势险绝，峭壁直上直下，仿佛刀劈斧砍，远处的雪崖更是直逼云霄，若是克服千难万险登上了，那还真算是『上青天』喽。

沈周笔下的剑阁

沈周《剑阁图》局部

沈周的《剑阁图》所绘剑阁也正值冬日，且雪景特征较前者更加明显。白雪覆盖下的剑阁丝毫不减磅礴气势，栈道看起来也依旧惊险。

沈周，吴门画派的创始人，与文徵明、唐寅、仇英并称“明四家”。他出身富裕，无心仕途，一生自由自在地过着田园隐居生活。

罗聘笔下的剑阁

罗聘《剑阁图》

这幅《剑阁图》采取全景式构图在展现蜀道的奇险。在歇脚茅店之后，山势陡然崎岖，光是想象旅人们即将贴行于悬挂绝壁之上的栈道，走过飞架溪岸之间的木桥，都足以令观者心惊。

古人的“夸夸”合集

《自叙帖》

国宝档案

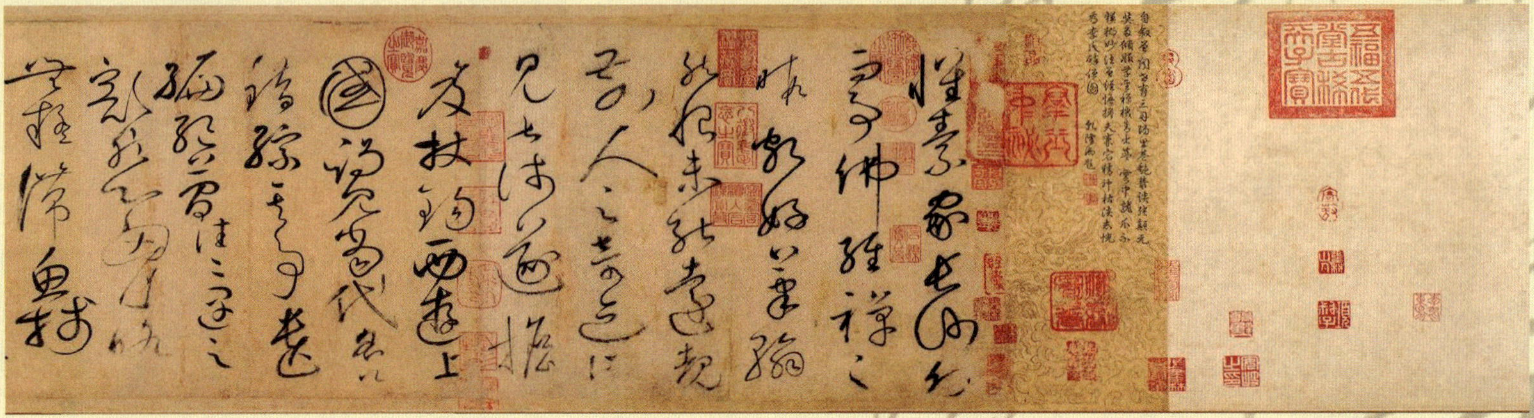

《自叙帖》

材质：纸本

所属年代：唐代

创作者：怀素

现藏于：台北故宫博物院

国宝小档案

《自叙帖》是怀素流传下来的作品中篇幅最长的一个。怀素在作品中简单回顾了自己的生平，还颇有些自得地抄录了颜真卿、戴叔伦、钱起等名士官员称颂其书法的诗句。作品通篇狂草写就，笔笔中锋，气势连绵，神采激荡，被奉为“天下第一草书”。

怀素，不吃素

怀素以“狂草”闻名于世，史称“草圣”。他与张旭齐名，并称“颠张狂素”。

除了书法家这一重身份，怀素还是位和尚。但他这和尚很特别，不喜吃素，反而嗜好大鱼大肉。他在作品《食鱼帖》中就公开坦言，自己要是吃不到鱼和肉，就会生病，生了病就写不了字，这很影响自己作为书法家的发挥！

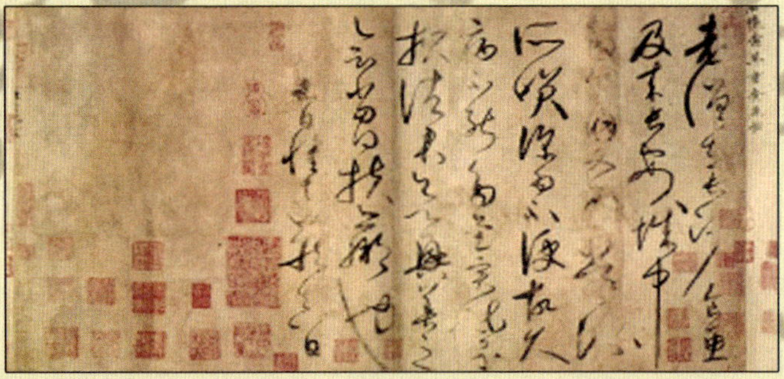

食荤是为了保持书法的创作量，饮酒则能激发怀素强烈的创作欲。是的，怀素这位“另类”的和尚不仅吃肉，还喝酒，而且每每喝得尽兴了，他就会疯狂写字，不管是墙壁、衣服，还是器皿，但凡能写字的地方，他都要留下自己的大作。于是，当时的人们给了他一个“醉僧”的绰号。

嘿嘿，我没醉，我还能写……

怀素的“纸”

怀素小时候家里很穷，买不起纸张来练字。于是，他就想了两种办法来替代纸。

其一，涂上白漆的木板。但漆板表面有些太过光滑，效果并不理想。

其二，宽大的芭蕉叶。寺院附近有空地，怀素在那儿种了好多芭蕉树。等芭蕉长大，就可摘叶习字，一分钱都不用花！老芭蕉叶摘光了，尚小的嫩叶又舍不得摘，怀素便不顾风吹日晒，直接站在树前，以嫩叶练字，日复一日，终成名家。

怀素的“夸夸群”

99+ 怀素的夸夸群 …

颜真卿：怀素禅师的草书纵横不凡。相比之下，我的天资就差多了！

戴叔伦：怀素行笔的速度那叫一个快啊，似骤雨如疾马，看得人眼花缭乱！

钱起：怀素写起狂草来让我看到了世间万象的真谛啊！

怀素：谬赞谬赞！我都写进《自叙帖》里留作纪念了哈！

是啊，看来“家贫无纸”是难不倒有心人的！
都是大书法家，颜真卿也因为买不起纸而找了其他办法来练字，这一点上两人很像呢。

纸从哪里来？

虽然，“家贫无纸”难不倒古代的大书法家们。但纸，无疑是很重要的书写载体。《自叙帖》就是以纸本形式传世的。

在纸张被发明以前，无论是用甲骨，还是竹简、丝帛等写字，都不太方便。直到蔡伦改进了造纸术，用树皮、麻头、破布、鱼网造出了便于书写的“蔡侯纸”……

四大发明

中国古代四大发明，即造纸术、指南针、火药、印刷术。它们都是中国古代智慧的结晶与科技发展的成果。

1. 切麻

切碎浸泡软化后的树皮、麻料等原料。

2. 洗涤

淘洗切好的原料。

8. 晒纸

晒干纸膜。

9. 揭纸

最后把干了的纸小心揭下，就大功告成啦！

3. 浸灰水

把原料泡进石灰水里，加速植物纤维分解。

4. 蒸煮

把原料煮烂。

5. 舂（chōng）捣

把煮好的原料放在石臼（jiù）里用力捣成糊糊。

6. 打浆

将泥糊状的原料用水调配为纸浆。

7. 抄纸

把纸浆倾倒入纸槽，通过竹帘过滤，只留取在竹帘上形成的那一层纸膜。

高枕无忧

定窑白瓷婴儿枕

国宝档案

高 18.8 厘米

底径 31 厘米 ×13.2 厘米

定窑白瓷婴儿枕

材质：瓷器

所属年代：北宋

现藏于：台北故宫博物院

北京故宫博物院也有一件同款的定窑瓷枕，它们堪称一对“双胞胎”。
注意看，我的小背心上是没有花纹的哦！

国宝小档案

两只眼睛滴溜圆，两只耳朵像元宝，一双小脚交叉翘……定窑的匠人别出心裁地将瓷枕塑造成了一个眉清目秀、天真可爱的男孩儿形象，特别惹人怜爱。只要一瞧这“孩子”趴在垫子上，悠哉得意的模样，枕在上边的人一定也能拥有一份同样惬意的好心情吧。

孩儿枕，送子枕

古人是怎么想到要把枕头做成小孩儿样子的？真有创意！

关于孩儿枕的由来，其实有一个故事……

据说，北宋时有一对烧窑的夫妇，始终没有孩子。直到某天晚上，妻子做梦，梦到了一个长得十分可爱的小孩儿，醒来便按着梦中所见做了个娃娃样子的瓷枕头。从那之后，妻子就天天枕着它入睡，过了半年竟然真的怀孕了。夫妻二人都认为是瓷枕的作用，于是孩儿枕便有了送子之意。

多功能瓷枕

这瓷枕样子是很可爱，但应该很硬吧？枕着不难受吗？
是啊，想想都脑仁儿疼。
哈哈，其实瓷枕也是有优点和用处的。

古代“保险箱”

瓷枕大多是空心的，因此古人常会把贵重物品都藏在枕头里。一来夜里枕着安心，二来遇事抱起枕头就跑，顺手又方便。

枕着我的小金库，睡觉就是香……

勉励学业

在古代，寒门学子为了能在科举考试中金榜题名，必须刻苦学习。所以，他们睡硬邦邦的高枕，只要稍微一动，就会从枕头上掉下来惊醒，继续读书，避免贪睡。

这和“头悬梁，锥刺股”是一个道理吧！
学习是要努力，但充足的睡眠也是很重要的哦。

固定发型

众所周知，古人长发梳髻，硬的瓷枕置于颈下，可以保护发髻不乱。软枕就很难做到这一点了。

虽然软枕很舒服，但为了发型，还是选瓷枕吧……

护眼神器

古人认为，瓷枕还有护眼的功效。多枕瓷枕，哪怕一把年纪了，视力也还是顶呱呱。

《本草纲目》里提及：“久枕瓷枕，可清心明目，至老可读细书。”

解暑好物

古代没有空调，冰凉的瓷枕正可解暑，让人在炎炎夏日里的午后也能舒服地小憩片刻。

“百变”瓷枕

瓷枕，是我国古代的一种常见枕，在唐宋时期尤其流行。在造型、纹饰方面，匠人们可谓是花样百出，让瓷枕不再只是寝具，同时也成为不折不扣的艺术品。

宋三彩卧女抱鹅枕

宋代定窑白瓷美人枕

人物枕

除了各色孩儿枕外，令人赏心悦目的美人枕也较多见。

景德镇窑青白釉双狮枕

三彩蝴蝶枕

动物枕

瓷枕中，兽形枕的数量也很多，且大多被赋予祈福辟邪的祝福寓意。

银锭枕

古代匠人还制造出了银锭式的瓷枕。也不知枕着『银锭』睡觉，是一种什么样的体验呢？

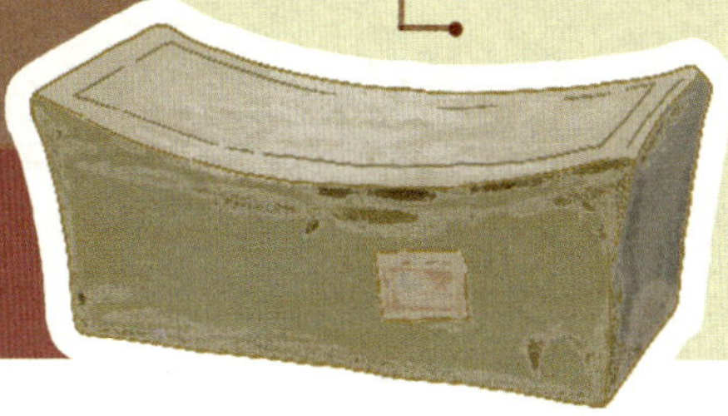

定窑白釉剔花卷草纹银锭式枕

绘画枕

匠人们能想到在枕上题诗，自然也能在上边绘画。

磁州窑白地黑花竹纹枕

磁州窑白地黑花人物图枕

题诗枕

以文人创作的诗歌作为枕面上的纹饰，格调高雅，意趣横生。或许枕在诗词上入睡，梦里还能得到些许创作的灵感呢！

三彩诗文六角形枕

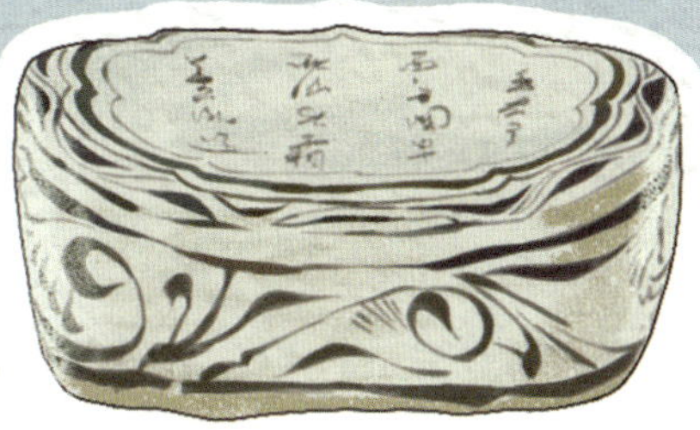

磁州窑白地黑花诗文如意头形枕

化“失意”为“诗意”

《寒食帖》

国宝档案

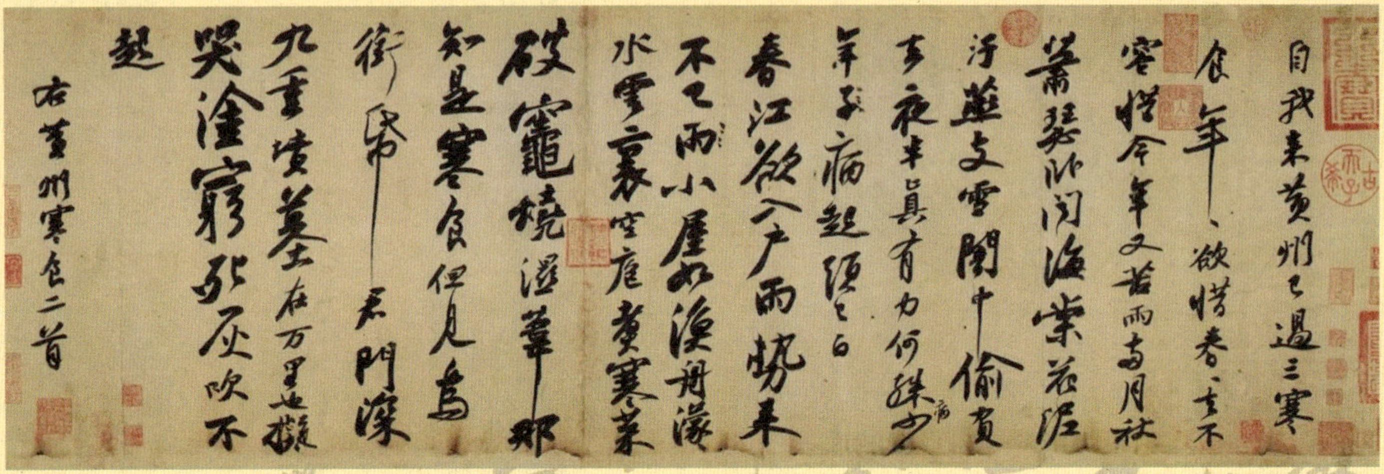

《寒食帖》

材质：纸本

所属年代：北宋

创作者：苏轼

现藏于：台北故宫博物院

国宝小档案

《寒食帖》，又名《黄州寒食诗帖》或《黄州寒食帖》。纵 34.2 厘米，横 199.5 厘米，共 17 行，129 字，被称为“天下三大行书”之一。作品内容为北宋大文豪苏轼在“乌台诗案”后，被贬官的第三年寒食节所作的两首五言古诗。

从仕途低谷到创作巅峰

仕途低谷

“乌台诗案”是北宋著名的文字狱，也是当时变法派与反对派之间长期政治斗争的结果。当时的苏轼被调往湖州任职，上表给皇帝宋神宗，却被御史弹劾表中暗藏讥刺朝政之语，随后又牵连出大量苏轼诗文为证。

因为此案，苏轼被羁押审理上百日。幸得多方求情，才免于一死，被贬黄州。

御史台

御史台是古代监察百官的部门。据《汉书》记载，御史台中有柏树，上边栖息着几千只野乌鸦，故称御史台为“乌台”。“乌台诗案”也由此得名。

创作巅峰

经此一案，苏轼心头满怀苦闷，却也“因祸得福”，化“失意”为“诗意”，在黄州创作了多达700余篇的作品。除了《寒食帖》上的诗歌外，还有豪放派词作的代表作《念奴娇·赤壁怀古》，短小隽永的游记《记承天寺夜游》，两篇名赋《赤壁赋》《后赤壁赋》等。

已过三寒食

“自我来黄州，已过三寒食。年年欲惜春，春去不容惜……”《寒食帖》中，苏轼所提及的“寒食”是我国的传统节日。

据说，春秋时期，晋国公子重耳为了躲避灾祸而流亡国外，许多最初跟随他的臣子纷纷离开了他。但介子推始终对他不离不弃，甚至为救饿晕的重耳，割下了自己腿上的肉给重耳吃。

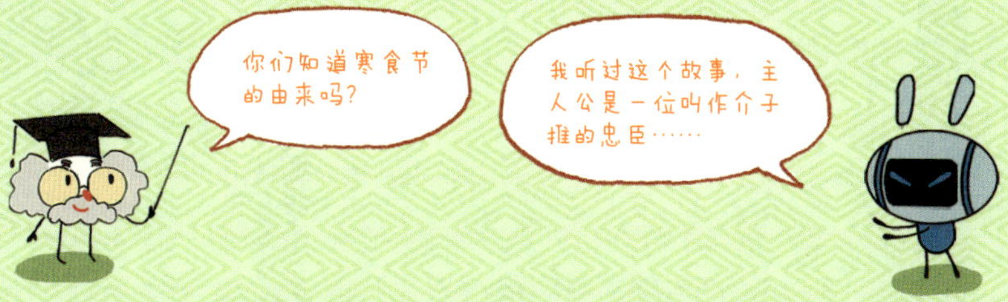

你们知道寒食节的由来吗？
我听过这个故事，主人公是一位叫作介子推的忠臣……

后来，重耳成了晋国国君，即晋文公。介子推未向晋文公索要赏赐，晋文公也未赏赐介子推。晋文公想起时，介子推已携母隐居深山。介子推认为忠君是自己应该做的，躲进山里不肯接受赏赐。晋文公想逼出介子推，放火烧山。谁知介子推宁死不出，最终被山火烧死。

晋文公非常后悔。为了纪念介子推，下令每年这一日全国都必须禁火吃冷食，这就是“寒食节”的由来。

寒食节的习俗除了吃冷食外，还有祭扫、踏青、秋千、蹴鞠等风俗，曾被称为中国民间第一大祭日。只不过寒食就在清明前一二日，两节相近，久而久之，就合二为一了。

舌尖上的苏轼

美食第一站——湖北黄州

你知道吗？

苏轼的“失意”不仅化为了“诗意”，还化作了“食欲”。自黄州始，苏轼的被贬之旅，也是他的美食之旅。

东坡肉创始人
资深吃货
美食博主

推荐美食之一　东坡肉

推荐指数：五颗星

推荐理由：猪肉在宋朝并不招人待见，价格便宜。苏轼在黄州时穷困潦倒，索性就把便宜的猪肉开发出肥而不腻的做法——把锅洗干净，加少许水，猪肉放入锅中文火慢炖。传说后人为了纪念这道佳肴，就用苏轼自取的别号“东坡”为其名，这才有了“东坡肉”这道菜名。

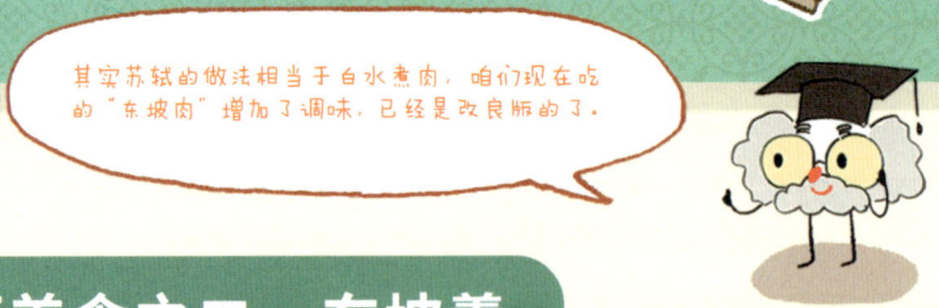

其实苏轼的做法相当于白水煮肉，咱们现在吃的“东坡肉”增加了调味，已经是改良版的了。

推荐美食之二　东坡羹

推荐指数：三颗星

推荐理由：把蔓菁、芦菔（fú，萝卜）、苦荠放一锅里加水煮成羹，不加酱油，不加醋。吃不起山珍海味的时候，不妨和苏轼一起“吃草”，感受大自然的原汁原味。

这菜是挺健康的，就是看起来不顶饱……

美食第二站——广东惠州

推荐美食之一　荔枝

推荐指数：四颗半星

推荐理由：“罗浮山下四时春，卢橘杨梅次第新。日啖（dàn）荔枝三百颗，不辞长作岭南人。”这是苏轼为惠州荔枝所作的诗，可见他有多喜欢吃荔枝了。推荐指数少的那半颗星，就少在荔枝吃多了上火……

推荐美食之二　茯苓饼

推荐指数：四颗星

推荐理由：荔枝吃太多上火，还会引起痔疮复发。怎么办？苏轼就用黑芝麻、茯苓、蜂蜜自制了药膳——茯苓饼。连吃几日，痔疮渐渐好了，就又能吃荔枝喽。

美食第三站——海南儋（dān）州

推荐美食之一　生蚝

哈哈，苏轼也太幽默了吧！在贬官的逆境里还能这么乐观豁达，真了不起！

推荐指数：五颗星

推荐理由：生蚝取肉，再加点儿酒浆一起煮了吃，味道十分鲜美。苏轼写信给儿子分享生蚝的美味时，还特地叮嘱儿子千万不要到处宣扬，以免北方人跑到海南来和自己抢生蚝吃。

宋画第一
《溪山行旅图》

国宝档案

纵 206.3 厘米

横 103.3 厘米

《溪山行旅图》

材质：绢本

所属年代：北宋

创作者：范宽

现藏于：台北故宫博物院

国宝小档案

巍峨的巨峰、浑厚的重山、茂盛的丛林、奔流的溪水与飞瀑、行进的商旅……画家范宽以顶天立地的“巨碑式”构图，用浓厚的笔墨为我们勾勒出了典型的北国山水风光。整幅画卷气势雄阔壮美，技法精湛，被明朝的书画家、收藏家董其昌誉为“宋画第一”。

范宽：与山水相伴的画家

这山怎么画更好呢？

范宽，字中立。因为宽厚豁达，为人大度，而被世人叫作“范宽”。他是宋代著名的“北派”山水画大师，与董源、李成两位绘画大师并称“北宋三大家”。

范宽的“大师之路”，主要得益于其“与其师人，不若师诸造化”的感悟。也就是说，与其跟人学画，不如向自然学。于是，他移居终南山、太华山中，开启了自己的“看山”生涯。最终通过长期观摩写生，用心感受，潜心琢磨，成为一代大师。

范宽作画，多以家乡陕西关中一带的山岳为题材，善用细密的“雨点皴（cūn）”来表现山石苍劲厚重的质感，墨色凝重浑厚，给观者以“如行夜山”之感，被誉为“画山画骨更画魂”。

“雨点皴”是山水画中的一种技法，俗名“芝麻皴”，由唐朝的诗画家王维所创，宜用于表现巨岩与峰峦的纹理，常是中侧锋并用，如芝麻如雨点而得名。

藏在画中的签名

咦？这画上哪儿有字呀？
范宽在这幅画中藏了他的签名，你们找到了吗？

《溪山行旅图》的画卷乍一眼看去，最显眼的是董其昌的题跋，却并不见画家的落款。但其实啊，范宽是把自己的亲笔签名藏在画里了。

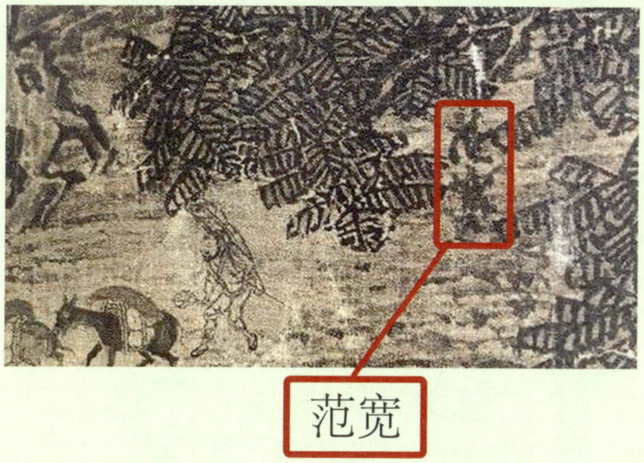

瞧，这隐蔽在怪石丛林中的“范宽”二字隐隐约约，令人难以发现。因此，这处签名也是直到1958年才被找到呢。

跟着古画去看山

山水画是我国传统的绘画题材，画家们以精妙的技艺将祖国的名山山景入画，令人如临其境。让我们一起跟着古画去游历名山吧。

峨眉山

明·张成龙《峨眉积雪图》

峨眉山地势陡峭，风姿清丽，素有『峨眉天下秀』之称。这幅《峨眉积雪图》为我们描绘出了雪后峨眉山高峰耸立、积雪皑皑的清寒素雅之景，意蕴生动。

庐山

明·唐寅《庐山图》

李白的《望庐山瀑布》，你一定听过吧？唐寅的这幅《庐山图》画中就有嵯峨的峰岩，萧索的古木，湍泻的瀑布，再现了庐山三峡桥一带的景观，画风俊逸，意境苍冷。

小贴士

唐寅，字伯虎，也就是不少文人才子佳话中常出现的那位“唐伯虎”。他是明代著名的画家、书法家与诗人，在绘画上与沈周、文徵明、仇英并称“吴门四家”。

黄山

清·梅清《黄山天都峰图》

天都峰是黄山三大主峰之一，意为天上都会。梅清笔下的黄山天都峰，怪石众多，险峭雄奇。加之弥漫山间的浮云烘托，更显山体的博大气势，给人以顶天立地的视觉冲击。

雁荡山

明·叶澄《雁荡山图》局部

雁荡山，号称“东南第一山”，分为南雁荡山和北雁荡山。此卷所绘为北雁荡山，全长 290.3 厘米。画家叶澄对景写生，还特别贴心地用小字给各处风景标上了名称，都可以当作旅游导览图了呢。

“五岳”

明·宋旭《五岳图》泰山部分

明代画家宋旭画起山来，可谓气概非凡——只一座山怎么够？要画就要把东岳泰山、西岳华山、中岳嵩山、北岳恒山、南岳衡山这“五岳”一网打尽！

在《五岳图》中，他分别绘制了五岳之中的日观晴曦、太华清秋、融峰两色、恒塞积雪与二室争奇的自然美景，让后人不必东奔西跑，就能把五岳奇观尽收眼底。

误作“猫食盆”

北宋汝窑青瓷无纹水仙盆

国宝档案

北宋汝窑青瓷无纹水仙盆

材质：瓷器

所属年代：北宋

现藏于：台北故宫博物院

国宝小档案

汝窑为北宋徽宗朝的官窑，其釉色给人以一种雨过天晴的美感。这件青瓷无纹水仙盆也是如此。它呈椭圆形，盆口微微向外撇，四足为云头形，釉色光泽温润，最珍贵的是，盆身无一处开片。就目前而言，可算当世仅有了。

诗中有它

谁能想到，就是这样一件稀罕的汝窑无纹水仙盆，却曾经被乾隆皇帝误当过喂猫的食盆！不信？有诗有真相——这是刻在盆底的一首乾隆御制诗。

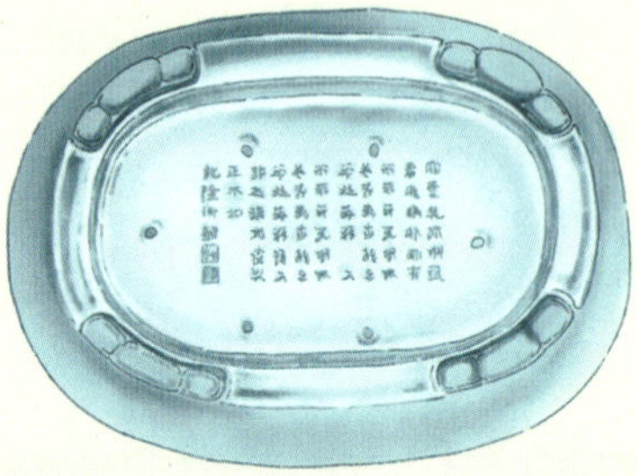

官窑莫辨宋还唐，火气都无有葆光。便是讹传猧（wō）食器，蹴（cù）枰（píng）却识豢（huàn）恩偿。龙脑香薰蜀锦裾（jū），华清无事饲康居。乱棋解释三郎急，谁识黄虬（qiú）正不如。

诗中的“猧”，是小狗的意思。由此可见，乾隆皇帝认为人们把这件瓷盆当作小狗的饭盆，是错误的，于是按照自己的理解，将其功用纠正为猫食盆，也不知是哪只猫有幸用如此珍贵的文物吃过饭呢？

不过，不管乾隆皇帝拿它当做什么，对其的喜爱之情却是溢于言表的。

他下令为这件汝窑水仙盆打造了一个豪华的紫檀木座作为配件，还要求木座内得安一个能打开的抽屉，并把自己临摹宋代四大书法家的作品——《御笔书画合璧》收纳其中。

画中有它

这件水仙盆不仅乾隆皇帝的诗里有，在《雍亲王题书堂深居图》的画幅中也露过面。

《博古幽思》这一幅中，博古架左上角的那件北宋汝窑水仙盆还是十分显眼的吧？

除此之外，架子上还摆放着各种珍宝——

喇叭形的青铜觚（gū）
我一眼就认出来了！
不过它上边摆着的壶
长得好特别啊。
哈哈，那叫
僧帽壶。
我看到瓷洗了，
还有玉插屏！

僧帽壶，顾名思义，壶口线条颇似僧侣的帽檐，是藏传佛教的用器。曾在明朝永乐、宣德年间大量产出于官窑，十分流行。台北故宫中就藏有一件明宣德宝石红僧帽壶，周身赤红，光泽鲜亮。

小贴士

此套图屏共 12 幅，是雍正皇帝命画家为圆明园定做的，原来贴在屏风上，后来才被拆下收藏。其画风雍容华贵，以宫廷女子为描绘对象，浓墨重彩地再现了她们的冠饰以及室内的家具、陈设等。

水仙与水仙盆

凌波仙子——水仙

水仙花，清冷高傲，雅洁多姿，是中国十大名花之一。它象征着高洁的品质，因此深受历朝历代文人的喜爱，不仅雅号诸多，摹画之卷与赞美之诗也不少。

先来赏赏名家笔下清丽素雅、浓淡相宜的水仙吧。

宋·钱选《八花图》局部

明·仇英《水仙蜡梅图》

再来瞧瞧，酷爱水仙的宋代诗人黄庭坚又是怎么在诗歌中赞美它的吧！

刘邦直送早梅水仙花四首其一

黄庭坚

得水能仙天与奇，
寒香寂寞动冰肌。
仙风道骨今谁有，
淡扫蛾眉簪一枝。

我还记得仇英，中国古代十大名画中的《汉宫春晓图》就出自他的笔下！

其中，“得水能仙”写出了水仙只需以洁净的清水培植，无需泥土的特质。这也让栽植水仙更显高雅脱俗，一尘不染。

相得益彰——水仙盆

所以，这么仙气满满的花儿，当然得配上充满艺术气息的盆具来栽培，才能相得益彰。

水仙盆，一种栽植水仙用的器具。也可单独陈设，起装饰作用。

我们已经见识过了宋代汝窑烧制的高级定制款，再一起来欣赏三件来自明清的水仙盆吧！

素三彩缠枝莲纹长方水仙盆

这件素三彩缠枝莲纹长方水仙盆，是明正德年间所烧制的。盆体总体呈现长方形，四壁内收，盆底有六足支撑。

水仙盆的配色协调，外壁以素三彩装饰，紫色为地，黄色为边，绿彩绘制花草纹，风格明快而素雅。

小贴士

素三彩，是陶瓷中以黄、绿、紫三色釉为主的一种低温彩釉品种，与唐三彩的工艺相似。其釉色还有黑与白，因不用红色，而被称为“素三彩”。

青花花卉纹水仙盆

这件青花花卉纹水仙盆，是清同治年间的宫廷用器。其直腹平底，四小足支撑着长方形的盆身，口沿处绘有变形回纹，腹部四面的主体纹饰，正是水仙花。瞧那一簇簇的水仙描画细腻柔和，清幽淡雅。若在盆中也栽上一簇，可不就呼应上了吗？

画中寻春

《早春图》

国宝档案

《早春图》

材质：绢本

所属年代：北宋

创作者：郭熙

现藏于：台北故宫博物院

国宝小档案

这幅《早春图》，纵 158.3 厘米，横 108.1 厘米，以全景式的画法描绘了初春时节的北方山景，绿意萌发尚浅，溪泉汇成春水，山峦蜿蜒盘旋，岩壑纵横交错，雾气朦朦胧胧，楼阁若隐若现……画中种种，都营造出了一种春回大地时还略显静谧的勃勃生机。

北宋的早春

北宋的早春是什么样的呢？郭熙《早春图》中的细节满满的尽是春意，快来游赏一番吧。

瞧，冬日刚过，那一道溪流就已融化了薄冰，自岩峰间飞流而下，跌落潭中，仿佛那哗啦哗啦的流水声回荡在耳畔。

初春，万物复苏，草木刚刚抽枝，仍带着熬过寒冬的枯瘦感，并无茂密的绿叶。但那像蟹的钳子一样的枝叶，呈现出向外延伸的姿态。看起来似在不断努力地生长着，令人感到春的蓬勃生机。

小贴士

“蟹爪枝”是郭熙创作的一大特色。主要用来表现北方地区的树木，因树枝生发曲折的姿态犹如蟹爪而得名。

除“蟹爪枝”外，郭熙还是“卷云皴”的代表画家。运笔时仿佛云气涌动，于层层叠叠间，勾勒出山石轮廓。

这石头还真像一层层云彩叠成！
我还记得范宽画石头用的是雨点皴，落笔像雨点儿。

你发现了吗？在这欣欣向荣的春景中，其实还有不少人物趁春出行。这一家四口人似乎刚从小船上岸，姿态欣然惬意，没有半点儿冬日里的袖手缩颈之态。或许他们是趁着冰河消融，捕鱼归来，顺带着游河踏春的吧！

画中人在踏春寻春，画外人也可赏春吟春。乾隆皇帝在《早春图》上题跋的这首御诗，与画中意境相呼应，吟咏了郭熙笔下的北宋早春之美。

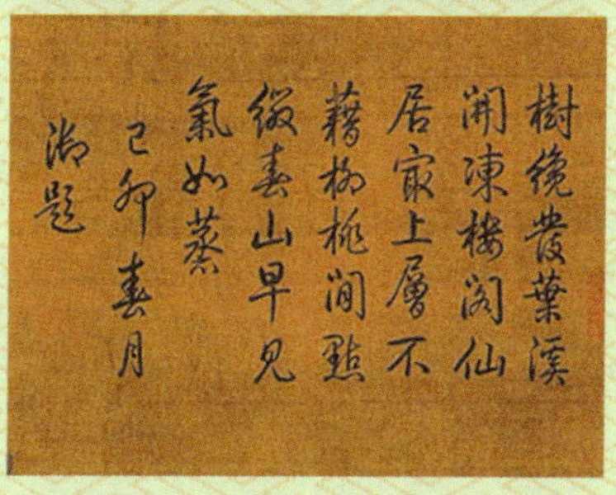

樹纔發葉溪開凍樓閣仙居最上層不藉柳桃閒點綴春山早見氣如蒸
己卯春月
御題

树才发叶溪开冻，楼阁仙居最上层。
不藉柳桃闲点缀，春山早见气如蒸。

古画里寻春光

《游春图》

春，是四季之始，也是诗情画意的摇篮。让我们循着古代名家们作画的雅兴，去古画里探寻春光吧！

有波光粼粼的湖，有曲折蜿蜒的小径，有幽静葱郁的山谷。出游的人们或骑马，或步行，或乘船，仿佛都陶醉在了这明媚的春光里……

这幅《游春图》被公认为是隋朝画家展子虔（qián）的作品，代表了中国早期山水画的面貌。全画以青绿的色彩为主调，红、白诸色夹杂，色彩明丽，描绘出了一幅春日踏青图。

因为马远构图时，多喜取边角之景。所以，得了个“马一角”的称号，是不是相当贴切呢？

《柳溪春舫图》

湖畔春光也不输山间春色。这一幅《柳溪春舫图》中湖水潋滟，垂柳盈盈。乘一舫出游，在和煦的春风中，饱览湖光山色，真是一件充满诗意的美事呀！

《倚云仙杏图》

有全景描绘展现春日的，自然也有取一隅窥春色的。

南宋的宫廷画家马远笔下的这枝初春杏花，从画面的左下方向上曲折伸展，花朵繁密，红粉呼应，正是一抹明艳的春色。

《春耕图》

文人的山水风光中有春色，农人在山坡田野间也沐浴着春光。戴进的这幅《春耕图》，就像古代版的静态田园“VLOG”。杜鹃的鸣叫伴着春日里的蒙蒙细雨，燕儿衔枝，老牛犁地，农夫在田里忙碌着，小孩儿提着竹篮站在桥上，不知在低头瞧着什么，也许是水中有正在欢游的鱼儿吧！

墨色山水

《富春山居图》

国宝档案

《富春山居图》

材质：纸本

所属年代：元代

创作者：黄公望

现藏于：台北故宫博物院

国宝小档案

《富春山居图》，以黄公望晚年所居的浙江富春江一带为背景，以淡雅的用墨描绘出了疏密有当的山川景致。山水间的房舍渔舟、亭台小桥、人物飞禽等无不勾勒生动，富于变化。可远观可近看，如同一张全景照片，堪称中国古代水墨山水长卷中的“扛鼎之作”。

小贴士

收藏在台北故宫博物院的其实是《富春山居图》的后半卷《无用师卷》，而前半卷《剩山图》则藏于浙江省博物馆。

高龄画名作

黄公望，字子久，“元四家”之一。他的前半生过得并不顺遂，仕途波折，非但没有大成就，还一度入狱。出狱后，他放弃了仕途，研习道教，以“大痴道人”为号，从此退居山水，潜心作画。

《富春山居图》正是黄公望在 80 岁左右高龄时所作，历经数年而成。但或许下笔之时，他也没有想到此卷会成为他的“封神之作”，令世人铭记吧。

元四家

“元四家”指的是元代山水画的四位代表画家，即黄公望、王蒙、倪瓒（zàn）、吴镇。他们都是江浙一带人，绘画看重笔墨，崇尚意趣，是典型文人画风格，不仅是元代山水画的主流，还对后世产生了深远影响。

画家也写“小作文”

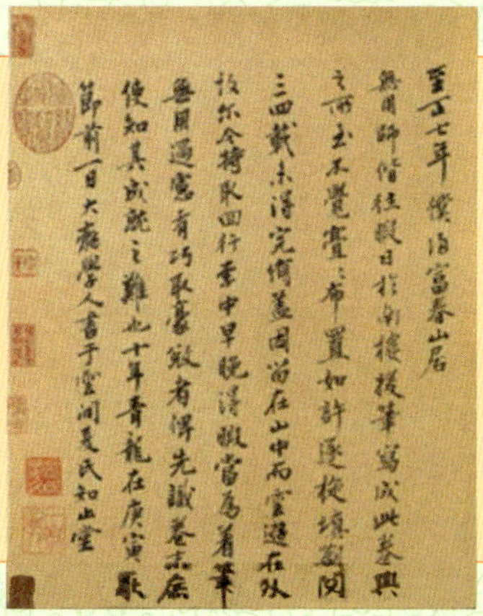

《富春山居图》上有段跋文，是属于黄公望的“作者有话说”，对创作初衷与历程都做了交代，简单来说就是：

这幅画是黄公望与师弟无用师一起回到富春山的居处后，在闲暇时开始创作的，前期构思许久。但黄公望认为创作速度有点儿慢，决定把画放在行李里随身携带，这样就算云游在外，也能得空就画。之所以写这篇“小作文”呢，是无用师总怕有人会来抢这幅画，就让黄公望先在卷末题记，说明这幅画是要给他的，也好叫别人知道完成这幅画有多难。

“倒霉”的名画

这么好的画怎么就断成两段了呢？
这幅画的传世经历相当坎坷，被抢被偷过，还被火烧过……
烧画！谁干的呀？

导致《富春山居图》被烧的，是其历代藏主之一吴洪裕。众多家藏之中，吴洪裕最为珍爱的便是《富春山居图》和《智永法师千字文真迹》。于是，他临死前嘱托家人，烧掉这两件藏品给自己殉葬。幸亏吴洪裕的侄子吴静庵赶到，从火中救出了画卷。但《富春山居图》的前段数尺还是惨遭焚毁，保留下来的部分也被烧断成了一大一小两段了。

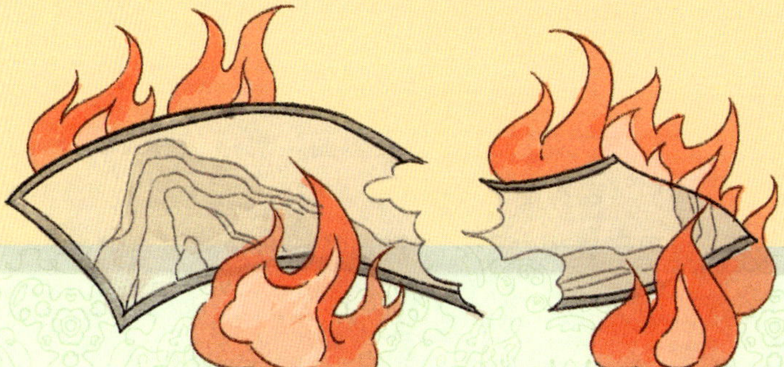

中国十大传世名画

泱泱中华，无数画卷，以墨彩记录着华夏大地的悠久历史与锦绣河山。这其中，有十幅名画尤其珍贵，即“中国十大传世名画”，堪称中国美术史的丰碑。

哇，我们已经见识过这里头的五幅画了！
熊老师，快给我们讲讲另外五幅吧——

韩熙载夜宴图

五牛图

唐宫仕女图

步辇图

百骏图

《洛神赋图》（局部）

东晋顾恺之的画作，原卷已失，传世的是宋代摹本。画卷类似连环画，描述了曹植与洛神的爱情故事。在现存的中国古代绘画中，《洛神赋图》被认为是第一幅改编自文学作品的画作。

《唐宫仕女图》（局部）

其实是一组五幅中国画，包括《虢（guó）国夫人游春图》《捣练图》《簪花仕女图》《挥扇仕女图》《宫乐图》，再现了唐代女子，尤其是贵族妇女的生活情状。

《韩熙载夜宴图》（局部）

五代十国时期南唐画家顾闳（hóng）中的绘画作品，描绘了官员韩熙载家设夜宴全程行乐的场面。

《百骏图》（局部）

意大利籍清代宫廷画家郎世宁所作，共绘有 100 匹姿态各异的骏马，每一匹都活灵活现。

《汉宫春晓图》（局部）

明代画家仇英创作，描绘的是汉代宫女的生活，被誉为中国“重彩仕女第一长卷”。

珍贵的“白菜”

翠玉白菜

国宝档案

翠玉白菜

材质：玉器

所属年代：清代

现藏于：台北故宫博物院

国宝小档案

你能想象高雅珍贵的玉雕与平易近人的大白菜融合起来是什么效果吗？台北故宫的翠玉白菜就是一个最好的例子。清代的玉雕匠人巧妙地运用一块一半灰白、一半翠绿的翡翠玉石雕成，以玉料中的白色部分雕为白菜的菜帮，绿色部分雕成菜叶。整棵白菜叶脉分明，自然反卷，好不逼真！

这棵“白菜”太真实

嘿，我觉得很有趣啊！
为什么这么漂亮的白菜玉雕上加虫子啊？

这件玉雕不但还原了普通白菜的大小，对白菜本身的细节刻画入微，还十分接地气地在白菜上安排了两只小虫子——螽（zhōng）斯与蝗虫。

虫子也吉利

其实，白菜上的螽斯和蝗虫都是有寓意的，它们繁殖力强，代表着多子多孙的福气。

尤其是螽斯，早在3000年前《诗经》中就已有篇章将其作为歌颂的对象。比如《螽斯》，就是在颂扬螽斯繁衍生命的能力之强，喜贺子孙满堂的成语“螽斯衍庆”便出自于此。

由于瓜果在《诗经》中也有子孙绵延的吉祥寓意，古人还把螽斯与瓜果画在一起，来表达对繁衍生息和人丁兴旺的祝福。

宋代韩佑的这幅《螽斯绵瓞（dié）图》中，熟透的瓜果引来了两只贪吃的螽斯，正是取此寓意而作。

陪嫁“白菜”

那么这件寄托了美好寓意的翠玉白菜，是属于清宫中哪一位贵人的呢？

由于它原来陈列在清末光绪皇帝的妃子——瑾妃的寝宫永和宫里，于是有人推测，它很可能是瑾妃的嫁妆。因为，当时光绪帝的孩子很少，翠玉白菜上的两只小虫子，蕴藏着希望瑾妃多多诞下龙子，为皇室开枝散叶的祈愿，作为陪嫁品再合适不过啦！

小贴士

光绪皇帝是清朝的第十一位皇帝，他的生母是慈禧太后的亲妹妹。光绪在位期间，朝政大权始终把持在慈禧太后手上。

古人有多爱白菜

白菜，谐音“百财”，有财源广进的吉祥寓意。而且其帮白叶绿，还是清清白白的高洁象征，因此其意象深受古人喜爱，而被用于艺术品中。

除了这件人气最高的翠玉白菜外，还有不少珍贵的“白菜”也值得一看。

翠玉小白菜

台北故宫中，就有一件小巧玲珑的翠玉小白菜。白菜的菜叶绿黄相间，白菜帮子从侧面露出来，一只可爱的小菜虫似正在爬上菜叶。

翡翠蝈蝈白菜

这件玉器珍宝也是以白菜为形，但菜身上翠白之色较少。反而不避开玉料原来的皮色，下部与菜叶边缘呈灰黄相间；还伴有褐色斑，真实地雕刻出了白菜被霜冻后的形态。而菜心处“和平相处”，共啃菜叶的蝈蝈与螳螂更是栩栩如生。

翠白菜式花插

这件玉花插将翡翠雕成一整棵挺拔直立的白菜。碧绿的菜叶边缘透出一些褐黄色，更贴近生活，褐红的翡色部分则被巧妙利用琢成叶脉纹，细致入微。

封锡爵竹雕白菜笔筒

这件白菜笔筒，是清代的竹雕作品。四重菜叶形成颇有层次的筒壁，叶片脉络清晰，边缘翻卷自然，观赏性与实用性兼备。

有用来插花的白菜造型艺术品，还有用来插笔的。

小贴士

笔筒上有“封锡爵”三字圆形款印，说出此器乃封锡爵所作。他是清初著名的竹刻家，且全家都以刻竹闻名于世。

来自西藏的故宫珍玩

镀金镶珊瑚松石坛城

国宝档案

镀金镶珊瑚松石坛城

材质：镀金

所属年代：清朝

现藏于：台北故宫博物院

国宝小档案

这件做工精美的坛城是清朝顺治九年（1652），五世达赖喇嘛献给顺治皇帝的礼物。通体镀金，盘顶面的中央象征着须弥山，由绿松石组成。其外环绕七金山以及浮在海上的大小洲，周围再以一圈色泽均匀的珊瑚串围绕。周壁之上，浮雕细腻繁复。全器的金属工艺精巧繁密，镶嵌的珊瑚、绿松石材质珍贵，堪称珍奇。

众神居处——坛城

可我们还是不明白这件文物原本是做什么用的呀？
这就要从“坛城”说起了……

小贴士

在佛教传说中，宇宙是由无数个世界构成的。一千个一小世界称为一小千世界，一千个小千世界称为一中千世界，一千个中千世界称为一大千世界，合起来就是我们较常听说的“三千大千世界”的由来了。而须弥山就位于一小世界的中央。

所谓“坛城”，其实是梵文音译过来的一种宗教用语。大意是指宇宙世界的本源，象征着众神聚居之处，是藏传佛教用以象征宇宙结构的法器。

为方便修行，人们会用不同的材料和绘画方式，来制作样式不同、大小不一的坛城，以表示不同的佛陀世界。由于坛城往往都做工极为考究，所以亦可看作十分精美的艺术品。

瞧，这座清宫旧藏的大威德金刚坛城，底盘为圆，供台为方，高 50 厘米，径 75 厘米，体形庞大，以掐丝珐琅工艺制成。台座四面的青、黄、赤、白、绿五色，分别对应代表了地、水、火、空、风，殿内塑有大威德金刚及其侍从神，并装饰以吉祥草、幡、宝瓶等物，尽显皇家佛器的华贵。

还有这件金累丝嵌松石坛城，体格虽要小些，但从外围的火焰墙、金刚墙到中心的经阁、本尊，都能体现出宫廷匠师高超的累丝工艺水平。

神明化身——绿松石

在西藏，无论是佛教造像、法器，还是藏民们的衣着配饰上，你都常能看见绿松石的身影。这是因为绿松石在藏族文化中被视作神明的化身，既具装饰功能，又有宗教功能。

据传，女娲补天所用的五色石之一，就是绿松石。于是，它成了颇具神话色彩的“补天之石”。

绿松石不仅在藏族文化中占有重要地位，其在不同民族、朝代都被寄予了一定的象征意义。

夏商周时代，绿松石常镶嵌在青铜器上，与王权的象征密切相关。在汉代，绿松石又被赋予辟邪的功能。唐代、辽代佛教盛行，绿松石用于装饰佛教法器及饰品。到了清朝，绿松石则被视为吉祥幸福的圣物。《清会典图考》中就有记载，皇帝在月坛祭月时，要佩挂绿松石朝珠。

清代绿松石朝珠

乾隆皇帝的“珍玩宝盒”

清宫珍玩那么多，光是坛城都有好几座。除了那些收在库里、皇帝不常赏玩的，其他物件总不能全摆在案面上，那又该如何收纳呢？

别担心，乾隆皇帝有高招！

这类用于收藏宫中珍玩的盒子，有叫“多宝格”的，也有叫“百什件”和“万宝箱”的，分别用来收纳不同等级的珍玩。唯一的共同点就是做工精细，且设计理念奇巧。尤其是乾隆皇帝的“宝盒”们，总能令人拍案叫绝。

紫檀多宝格方匣

这件小巧的多宝格方匣，内里“机关重重”。盒中有匣，匣中又有屉。连盒底都是一个独立的储存空间，里头还可分格收纳。所以别看这盒子不大，却能收纳进 50 多件珍宝呢！

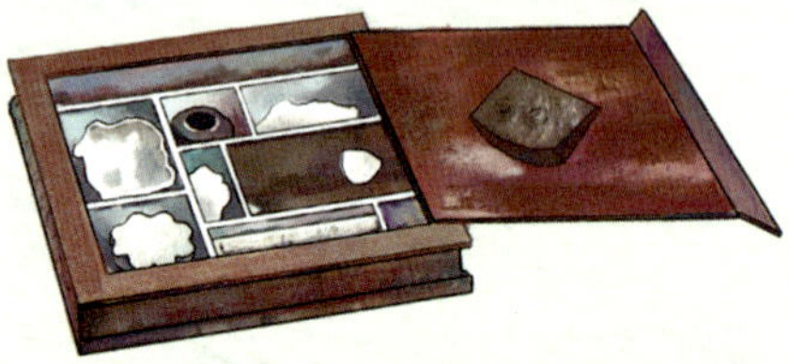

雕紫檀蟠龙方盒百什件

再看这件紫檀盒子，“外包装”霸气十足，尽显皇家气韵。密密叠叠的祥云纹之上是威风凛凛的龙纹，正中间还有团寿纹点缀，雕工精湛，寓意吉祥。

盖面纹饰

古人好聪明呀！咱们现代很多易碎品的包装方式不也是这个原理吗？

华美之余，匠师在设计时也同样注重细节。顶层的托盘，以每件玉器的外部轮廓在底部挖出凹槽，这样玉器就可以得到固定，避免盒子搬弄晃动造成磕碰损伤。

外出楠木折叠百什件桌

更妙的是，为了能在出宫游玩时，也能带上自己心爱的“宝贝盒子”，乾隆皇帝还下令造办“二合一”式的桌形木匣。

平时这个木匣就和其他的“百什件”没什么两样，物件都收纳其中，桌腿也藏在桌匣的大抽屉里。

等乾隆皇帝需要写字画画了，把桌腿拼上，匣子就变成了桌子。打开抽屉，笔、墨、纸、砚一应俱全。创作之余，还有其他文房珍玩可供欣赏，既实用又有趣！

还是乾隆皇帝会玩儿呀！

其实，每次把珍玩从空间层叠的多宝格里取出，再一一放回还原，都要花去不少时间。但这对乾隆皇帝而言，或许“开盒子”就是一种“玩”的乐趣。从清内务府造办处的记载来看，他对多宝格的制作非常感兴趣，经常亲自提出方案，参与设计，还每五日就要监督一次多宝格的完成情况。

“美味”的石头
东坡肉形石

国宝档案

东坡肉形石

材质：玉石

所属年代：清朝

现藏于：台北故宫博物院

国宝小档案

众所周知，台北故宫最著名的“一素一荤”，就是翠玉白菜与肉形石了。这道“荤菜”是清廷珍玩，可谓奇石。不仅外形与“东坡肉”极为相似，连色泽都异常逼真，“肥厚”层次分明。甚至自带肉类的胶质感，几乎可以以假乱真。

中国文化中的石头

中国人与石头的缘分匪浅。

漫长的石器时代里，先民们利用石器进行生产劳动。建筑领域也有它的身影，比如明清宫殿建筑中被大量使用的汉白玉就是一种石料。

清·陈洪绶《米芾拜石图》

历代文人墨客爱赏石，宋代大书法家米芾（fú）就特别喜欢奇石。有一回，他瞧见衙署内有一块石头长得非常奇特，居然换了官衣官帽对着石头就拜。“米芾拜石”的典故，就是由此而来的，还成了不少画家的创作题材。

四大名著中，《西游记》与《红楼梦》这两部的主人公也都与石头息息相关：《西游记》里的孙悟空是从石头缝里蹦出来的；《红楼梦》又名《石头记》，贾宝玉的“通灵宝玉”，正是女娲补天时所遗漏的一块石头所化，而他与林黛玉之间的羁绊也被称为“木石前盟”。

四大名著

被列为“四大名著”的另外两部小说是什么？

答案：《三国演义》《水浒传》。

只能看不能吃的“食物”

形似“东坡肉”的奇石能以假乱真，却只能眼馋，不能入口。还有些瓷做的“食物”，也是只能看不能吃的哦。

粉彩像生瓷果品盘

看这盘中，有螃蟹，有各类果品。不仅模样逼真，选品也有讲究。螃蟹寓意“一甲”，即科举殿试第一；石榴多子，寓意多子多孙；而枣、花生、瓜子等都是暗含“早生贵子”的祝愿。

这居然是瓷器？太不可思议了吧！

对，这种瓷器品种叫作『像生瓷』，即模仿花果类或动物形象的瓷器。不过清乾隆时期，景德镇官窑的烧制水平，已经能够做到依照需求仿烧各种物品了。

粉彩像生果品高足盘

这件“果盘”也是乾隆时期的精品。摆放在中间的蜜柑，其实是个可以打开的盒子，周围散落着核桃仁、桑葚、樱桃、橘子、枣、白果等等。这些像生果品都酷似原物，惟妙惟肖，乍一看还挺难分辨真假的！

观赏界的四大名石

灵璧石

产地：安徽灵璧县
别称：磬石
颜色：以灰、黑色为主，也有红、白、黄等色
外型：千姿百态，表面纹理众多、沟壑交错
适用范围：园林置景、案头清供、茶台用石

太湖石

产地：太湖
别称：窟窿石、假山石
颜色：灰白色居多，青黑色、黄色较少
外型：千疮百孔
适用范围：园林置景

我可是乾隆皇帝亲封的“天下第一石”哦！
北京圆明园、上海豫园、苏州留园等著名园林中，都有我的身影哦。

英石

产地：广东英德市

别称：英德石

颜色：因风化程度不同，色泽较多，常见的有黑色、青灰色等

外型：皱、瘦、漏、透

适用范围：园林置景、案头清供

昆石

产地：江苏昆山市玉峰山

别称：昆山石、巧石、玲珑石

颜色：雪白晶莹

外型：多为小型石，结构呈网脉状，玲珑剔透

适用范围：案头清供

我走的是瘦而雅的路线。

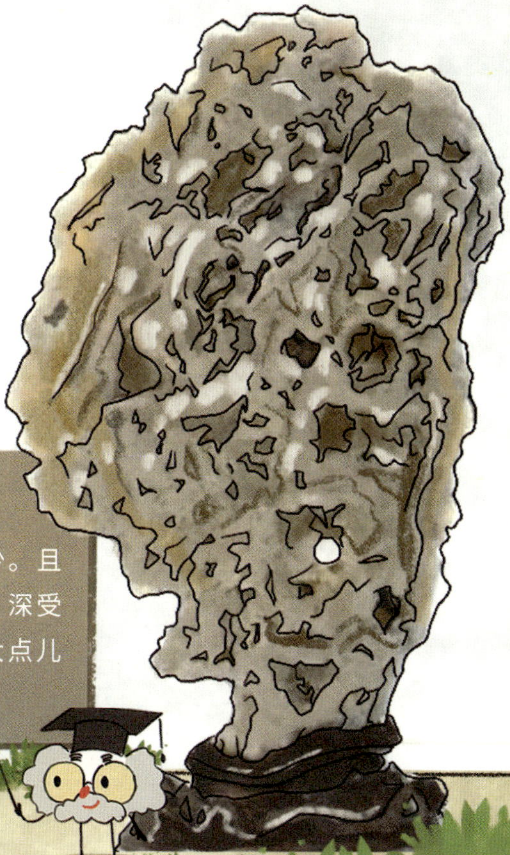

想得到我可不容易！

小贴士

四大名石中，昆石的产出最为稀少。且在宋明清三代都曾被禁采，很是难得，深受文人墨客的追捧。谁要是得到了一块大点儿的昆石，往往能引得不少人的羡慕。

图书在版编目（CIP）数据
台北故宫博物院 / 程琳著 ; 布谷童书绘. -- 太原 : 三晋出版社, 2025. 2. -- （博物馆里的中国）. -- ISBN 978-7-5457-3195-8
Ⅰ. K87-49
中国国家版本馆CIP数据核字第2025LX4800号

台北故宫博物院

著　　者： 程　琳
绘　　者： 布谷童书
责任编辑： 薛勇强

出 版 者： 山西出版传媒集团・三晋出版社
地　　址： 太原市建设南路 21 号
电　　话： 0351-4956036（总编室）
0351-4922203（印制部）
网　　址： http://www.sjcbs.cn

经 销 者： 新华书店
承 印 者： 雅迪云印（天津）科技有限公司

开　　本： 787mm×1092mm　1/12
印　　张： 5.5
字　　数： 55 千字
版　　次： 2025 年 2 月　第 1 版
印　　次： 2025 年 6 月　第 1 次印刷
书　　号： ISBN 978-7-5457-3195-8
定　　价： 48.00 元

如有印装质量问题，请与本社发行部联系　电话：0351-4922268